ZEBRA 1

Buchstabenheft

Erarbeitet von
Stephanie Brettschneider,
Maria Feiten,
Bärbel Hilgenkamp,
Andreas Körnich,
Gabriele Reusche,
Gerlind Schwanitz,
Barbara Weingand und
Gabi Zimmermann

Wissenschaftliche Beratung
Prof. Dr. Cordula Löffler

Ernst Klett Verlag
Stuttgart • Leipzig

Inhalt

Name:

Wo findest du Buchstaben oder Wörter?

Was kannst du schon schreiben?

Name: ______________________________

Welcome Wörter reimen sich?

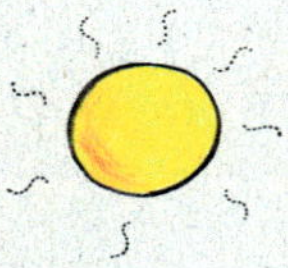

Kannst du die Silben hören?

Name: ______________________________

Welche Wörter reimen sich?

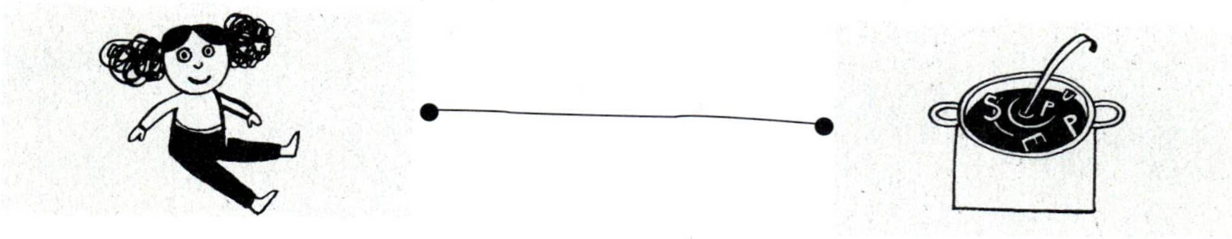

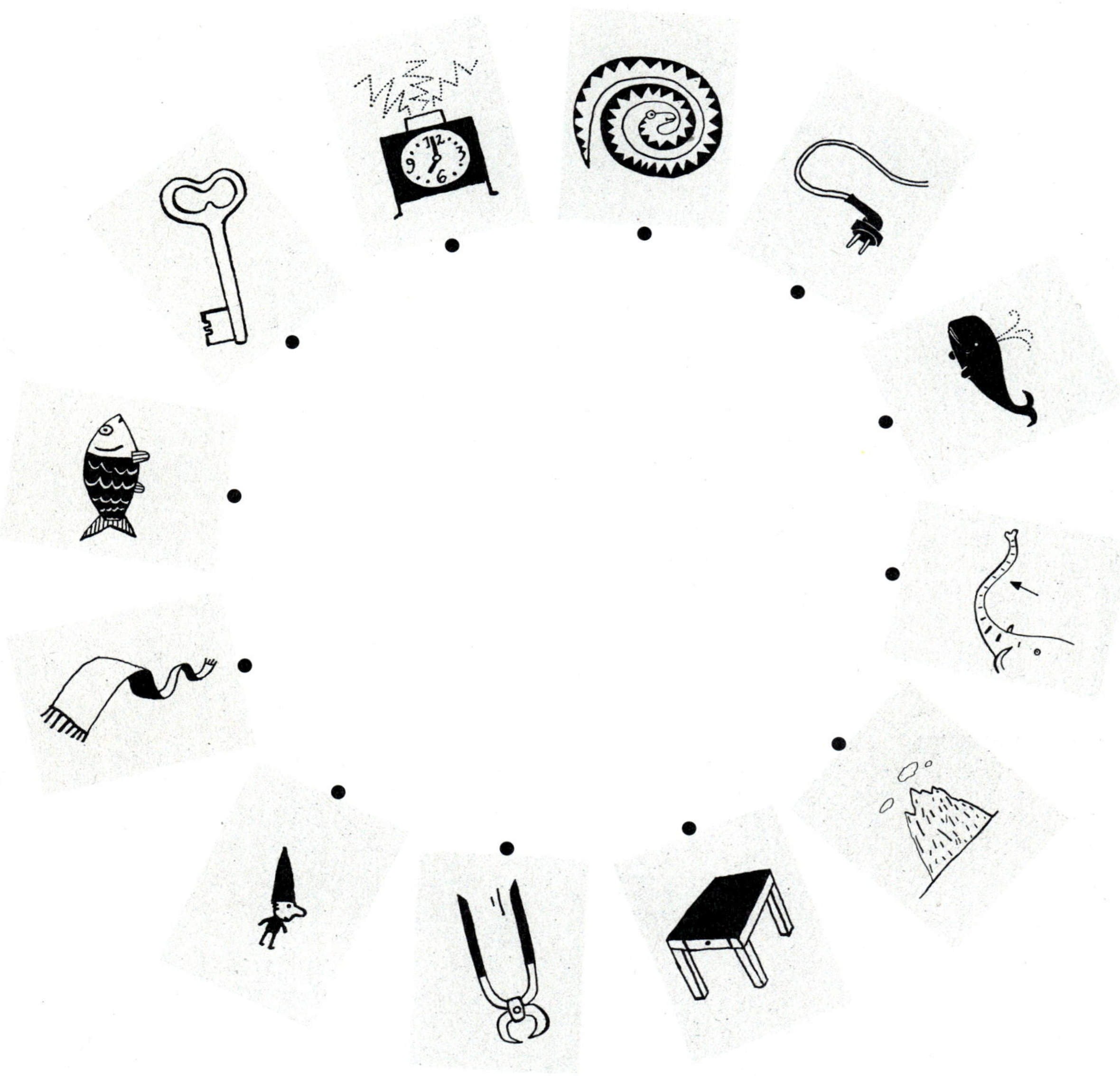

Welche Wörter kommen in die Körbe?

Name:

Welche Buchstaben passen zu den Bildern?

M m

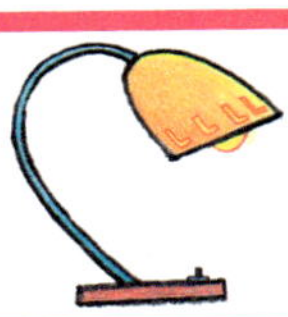

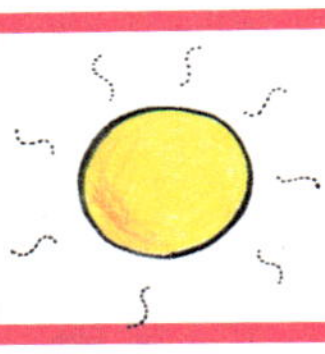

Ch ch	D d	S s	W w	Sch sch	G g	B b	L l	M m

Welche Wörter klingen am Anfang gleich?

Name: ______________________________

Welche Buchstaben passen zu den Bildern?

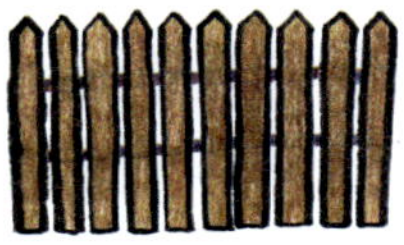

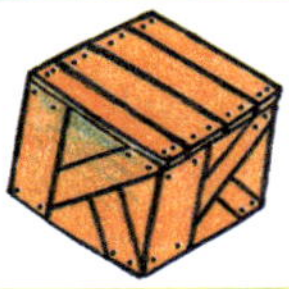

T t	K k	P p	N n	J j	F f	R r	Z z	H h

Welche Wörter klingen am Anfang gleich?

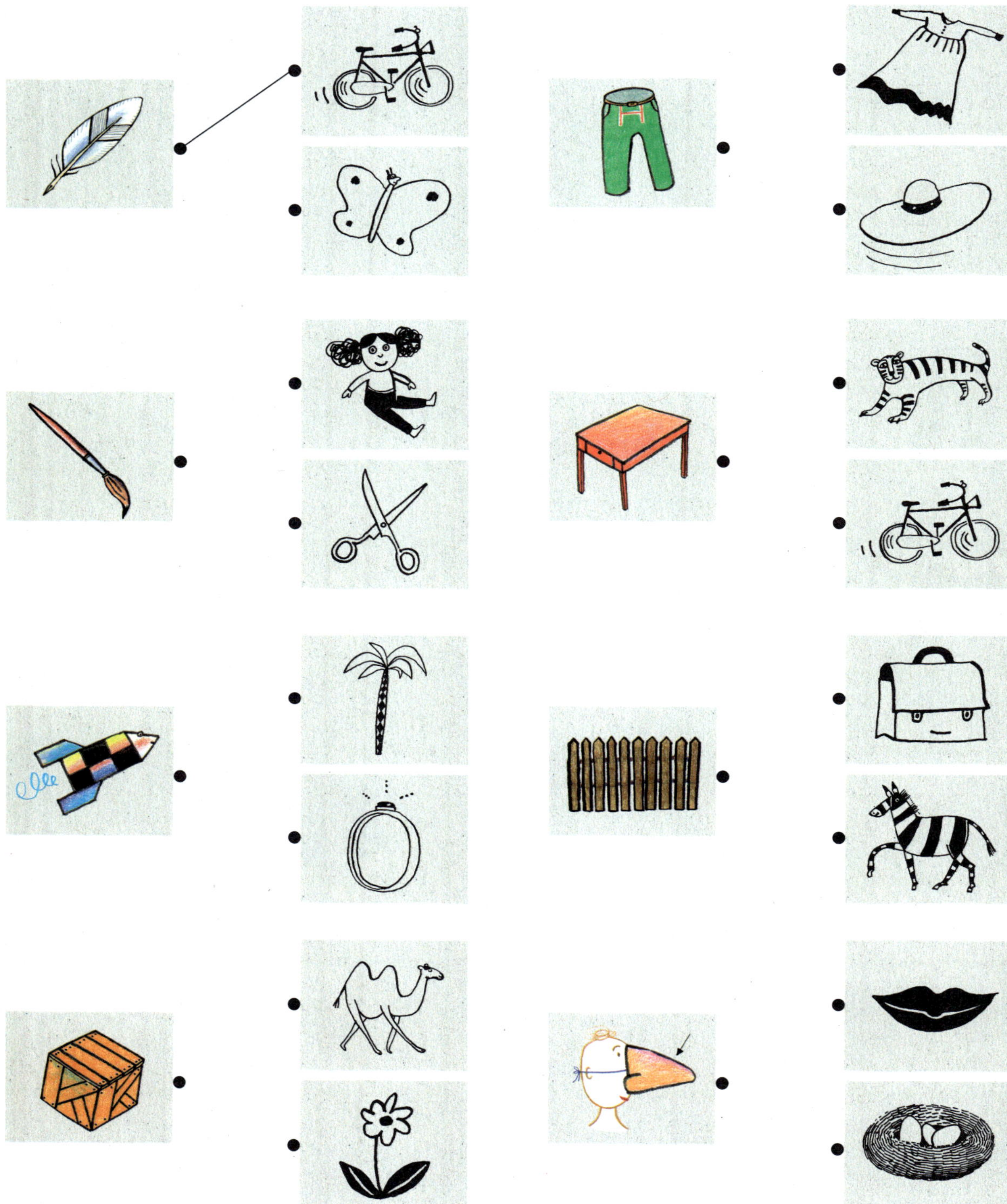

Name: ______________________________

Welche Buchstaben passen zu den Bildern?

Eu eu	A a	U u	I i	Ü ü	O o	E e	Ö ö	Ei ei

So schreibe ich Wörter auf

Name:

Silben schwingen und Wörter verschriften

Tomate

Welche Buchstaben passen zu den Bildern?

Name:

Welche Buchstaben passen zu den Bildern?

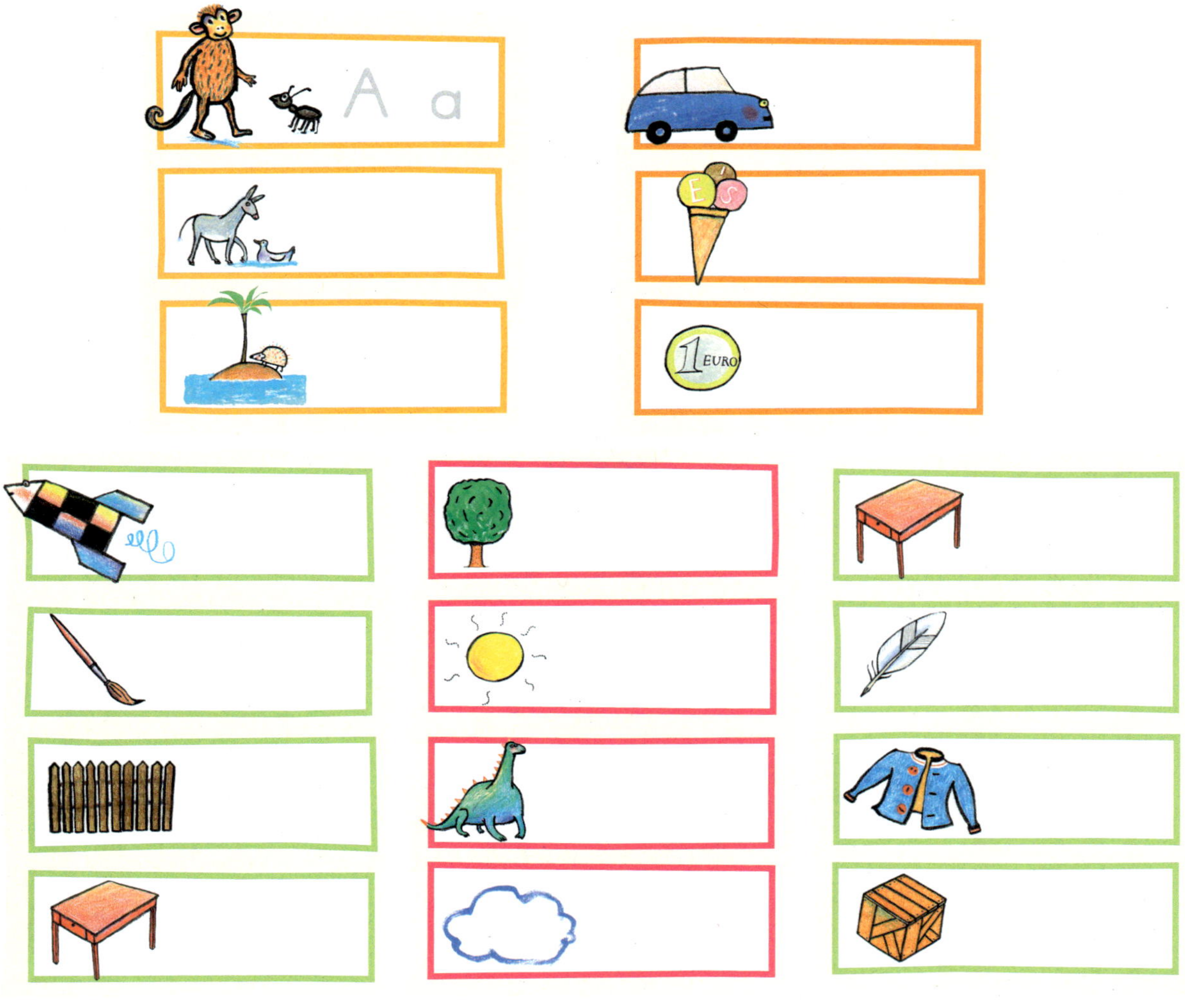

Welches Tier gehört in welchen Wagen?

Name: ______________________

A a

A A A A A A

a a a a a a

A A A

a a a

Aa Aa aA

Mit einem Apfel,
einer Banane
und einer Mandarine
macht Anton Obstsalat.
Was passt noch dazu? Sahne?
Na dann, guten Appetit!

3 A 13 a

A a

A			a		

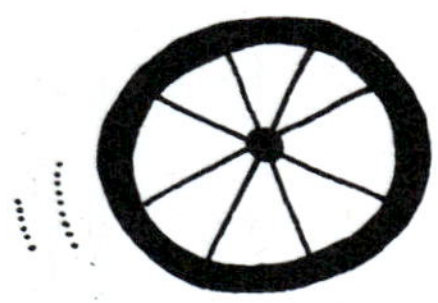

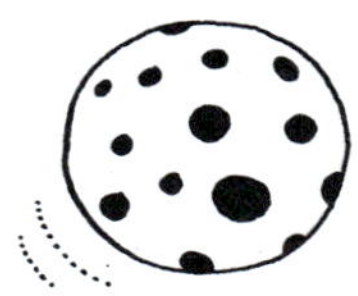

Name:

E e

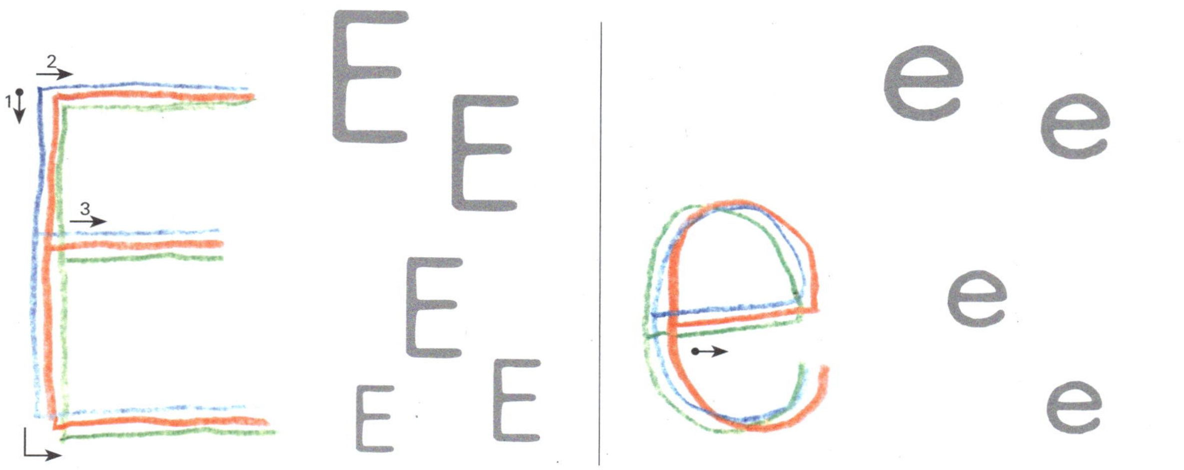

E E E

e e e

Ee Ee eE

E e

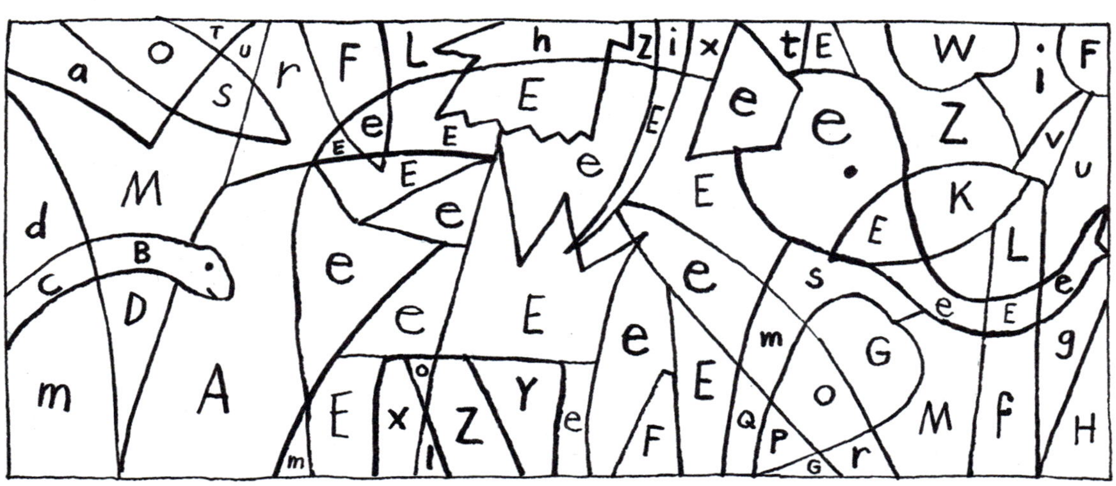

E

E e

E e

Name:

I i

Die Igel haben viele spitze Stacheln.
Sie fressen Würmer und Insekten.
Im Winter machen die Igel
Winterschlaf.

Finde den Igel im Laubhaufen!

I i

I | i

Name:

O o

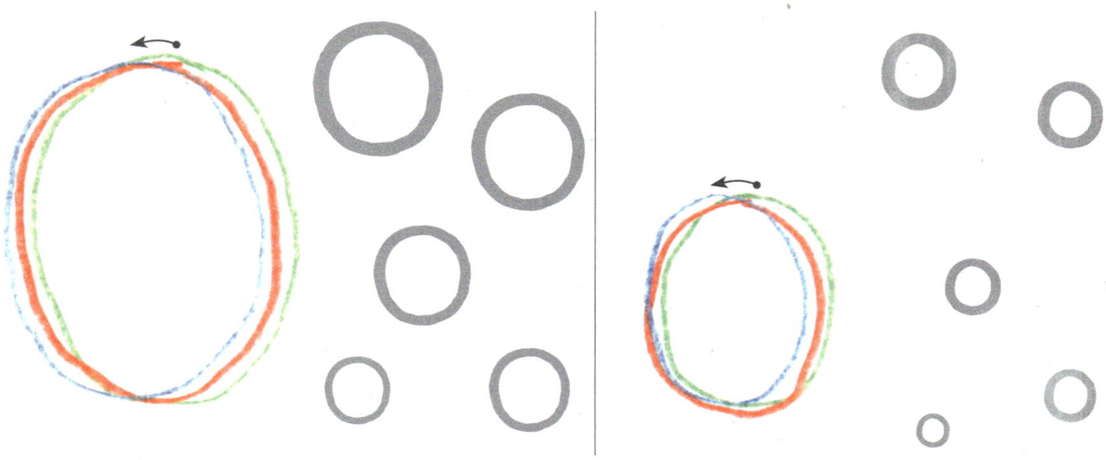

O O O

o o o

O o O O o

O o

Oma und Opa
find ich noch toller
auf ihrem roten
Motorroller.

O o

O			o		

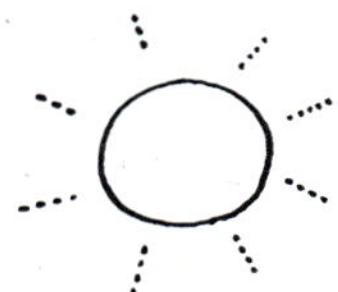

O

Name: ____________________

U u

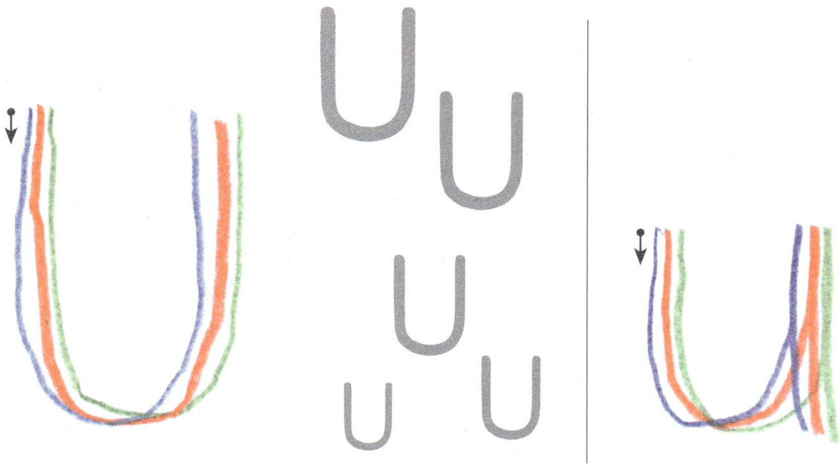

U U ... U

u u ... u

U u U ... U u

U u

Was man rufen kann:

3 U 21 u

U

U u

U u

Suche 6 Unterschiede!

Name: ______________________

M m

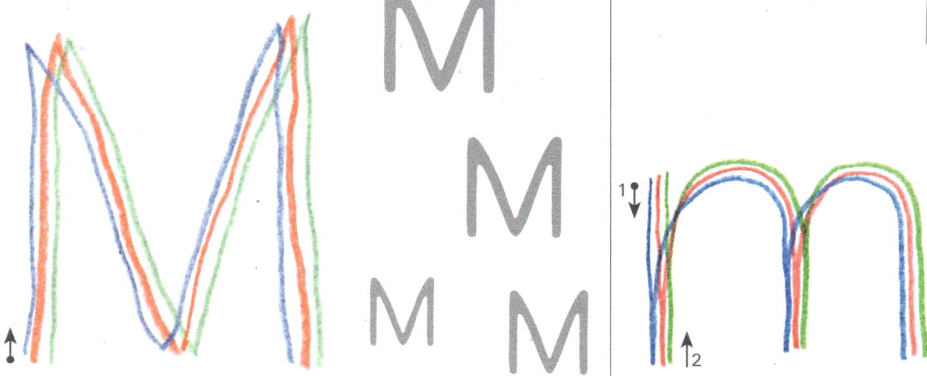

M M M

m m m

Mm M Mm

M m M m

Meine Mama mag Mäuse.
Mich hat sie so lieb.
Manchmal sagt sie:
„Mein Mäuslein!"
Und ich sage: „Piep!"

Ute Andresen

7 M 3 m

8 M 8 m

M m

M | m

M

Name: ______________________

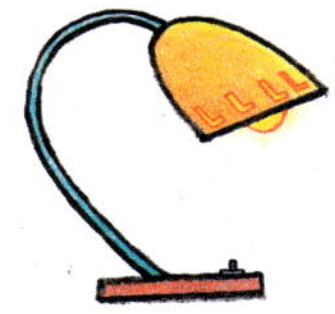

L l

L L L L L L

l l l l l l

L L

l l

L l L L

Ich gehe mit meiner Laterne
und meine Laterne mit mir.
Da oben leuchten die Sterne
und unten leuchten wir.

2 L 2 l

6 L 6 l

L l

L			l		

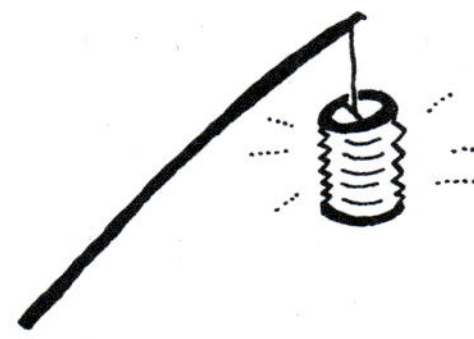

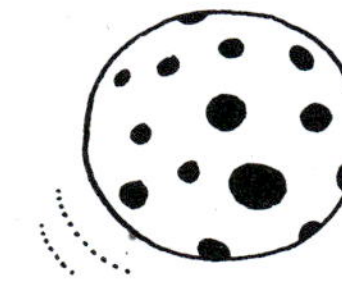

L

Name: ____________________

Ch ch

Ch Ch Ch Ch Ch

ch ch ch ch ch ch

Ch Ch Ch

ch ch ch

ch Ch Ch ch Ch

5 ch

Alle machen lustige Sachen und lachen.
Ich mag dich und du magst mich.

6 ch

Ch ch

ch

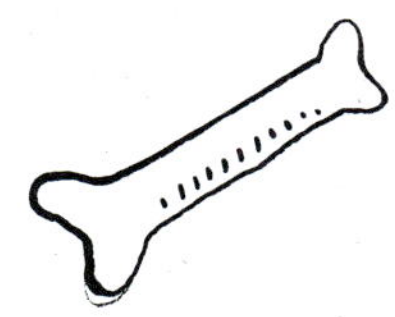

ch

Name: ______________________________

B b

B B B B B

b b b b b

B B ... B

b b ... b

B b B ... B b

B b B b

Bären brummen,
Bienen summen,
Bäume haben Blätter.
Donnerwetter!

4 B 2 b

B

B b

B b

   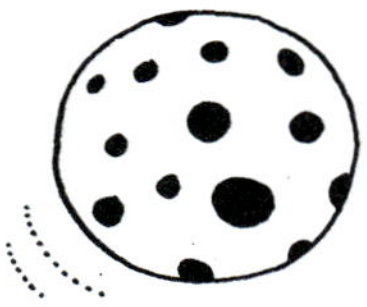

Name: ______________________

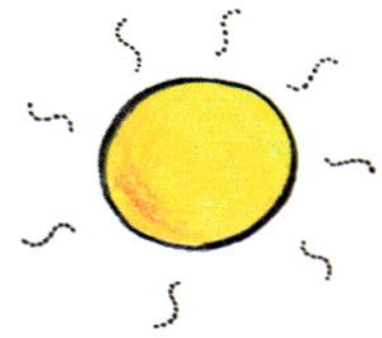

S s

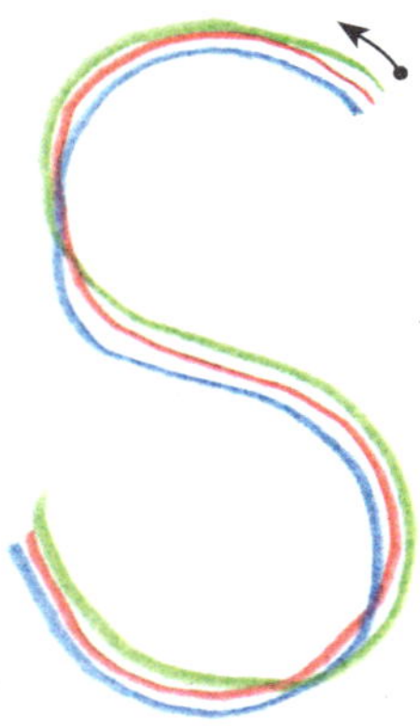

S S S S s

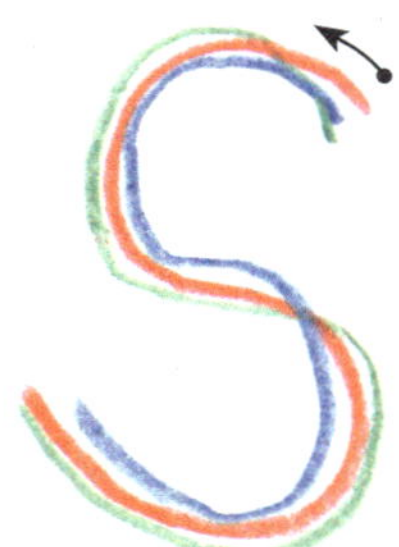

s s s s s

S S

s s

S s S

s S

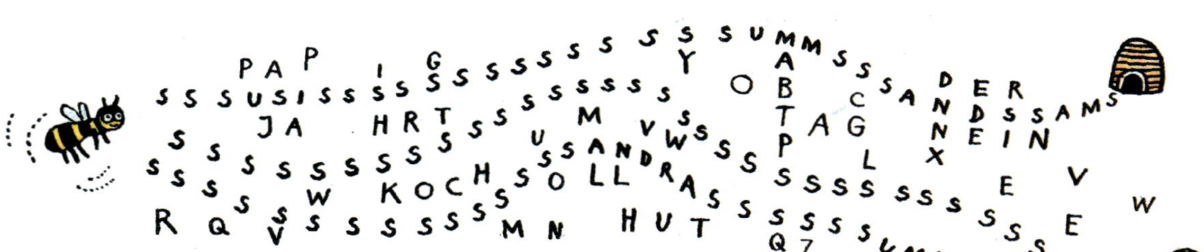

Sommer, Sonne, Segelboote,
Wasser, Sand und Butterbrote,
Eis und Obst, Senf und Wurst,
süßen Obstsaft gegen Durst.“

5 S 9 s

S

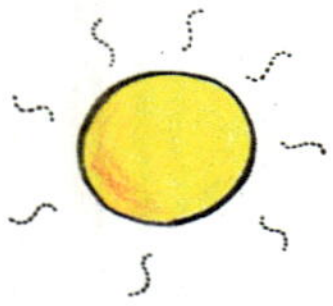

S s

S | s |

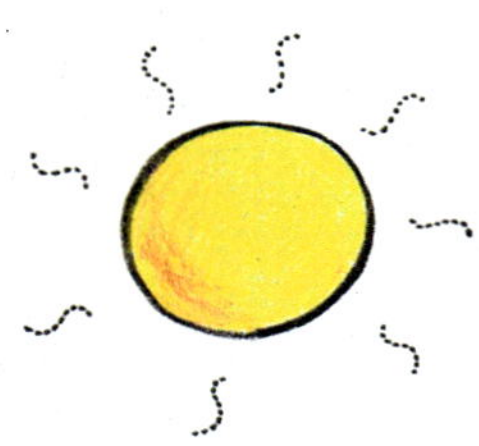

S

Name: ____________________

 D d

D D D D D D

d d d d d d

D D

d d

D d D d D

Getuschel

Die da
ist mit
der da da
und
der da
ist mit
dem da da

Jürgen Spohn

1 D 10 d

D

D d

D

d

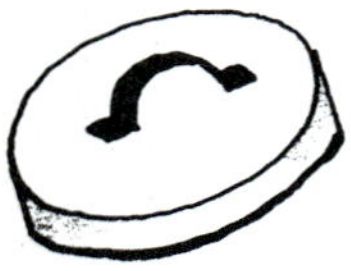   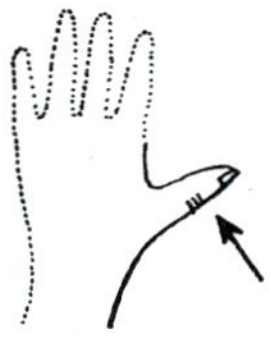

D

Name: ____________________

W w

W w

Ww

Wer will
wo
was
wann
machen?

waschen

schwimmen

werfen

wandern

würfeln

1 W 4 w

W

W w

W w

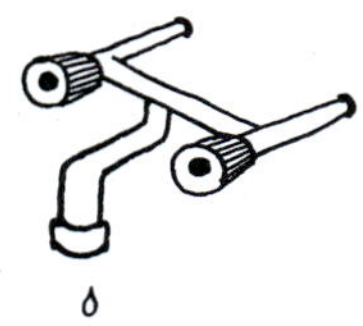

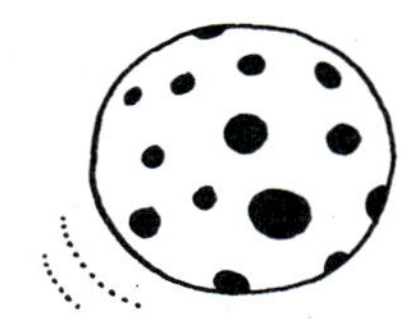

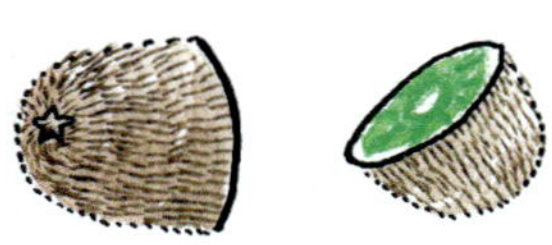

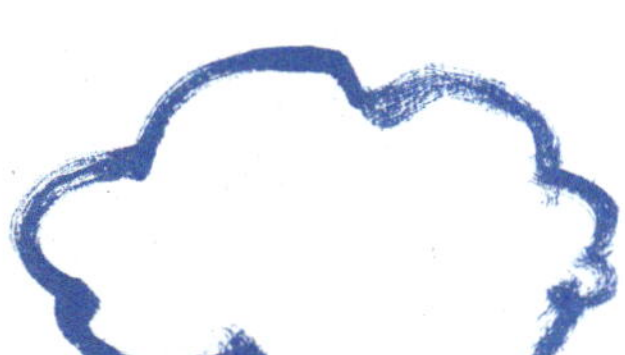

Name:

Sch sch

Sch Sch Sch Sch Sch

sch sch sch sch sch

Sch Sch Sch

sch sch sch

Sch sch Sch sch

Sch sch

Ein Schneemann
mit schönem Schal
saust schnell
mit dem Schlitten
ins Tal.

3 Sch 2 sch

Sch

Sch sch

Sch			sch		

Sch

Name: ______________________

G g

G G G G G G

g g g g g g

G

g

Gg

Geige, geige, lieber Affe,
zum Geburtstag der Giraffe.
Die Gitarre spielt die Gans
und der Tiger geht zum Tanz.
Auch das Zebra
ist beim Tanzen da.

5 G 6 g

G

G g

G g

G

Vogel, Vase		V v
Qualle		Qu qu
Xylophon	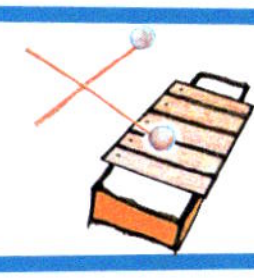	X x
Ypsilon	Ypsilon	Y y
Computer, Cent		C c
Spinne		Sp sp
Stern		St st
Pferd		Pf pf

	-ie	Riese
	Ä ä	Äpfel, Bär
	-äu	Mäuse
	-ß	Fuß
	-ng	Ring
	-ck	Schnecke
	-tz	Katze

Schreibtabelle zu ZEBRA

Klett

ZEBRA

Schreibtabelle

M m			N n
L l			H h
Ch ch			R r
B b			P p
S s	A a	Au au	Z z
D d	E e	Ei ei	T t
W w	I i	Eu eu	F f
Sch sch	O o	Ö ö	J j
G g	U u	Ü ü	K k

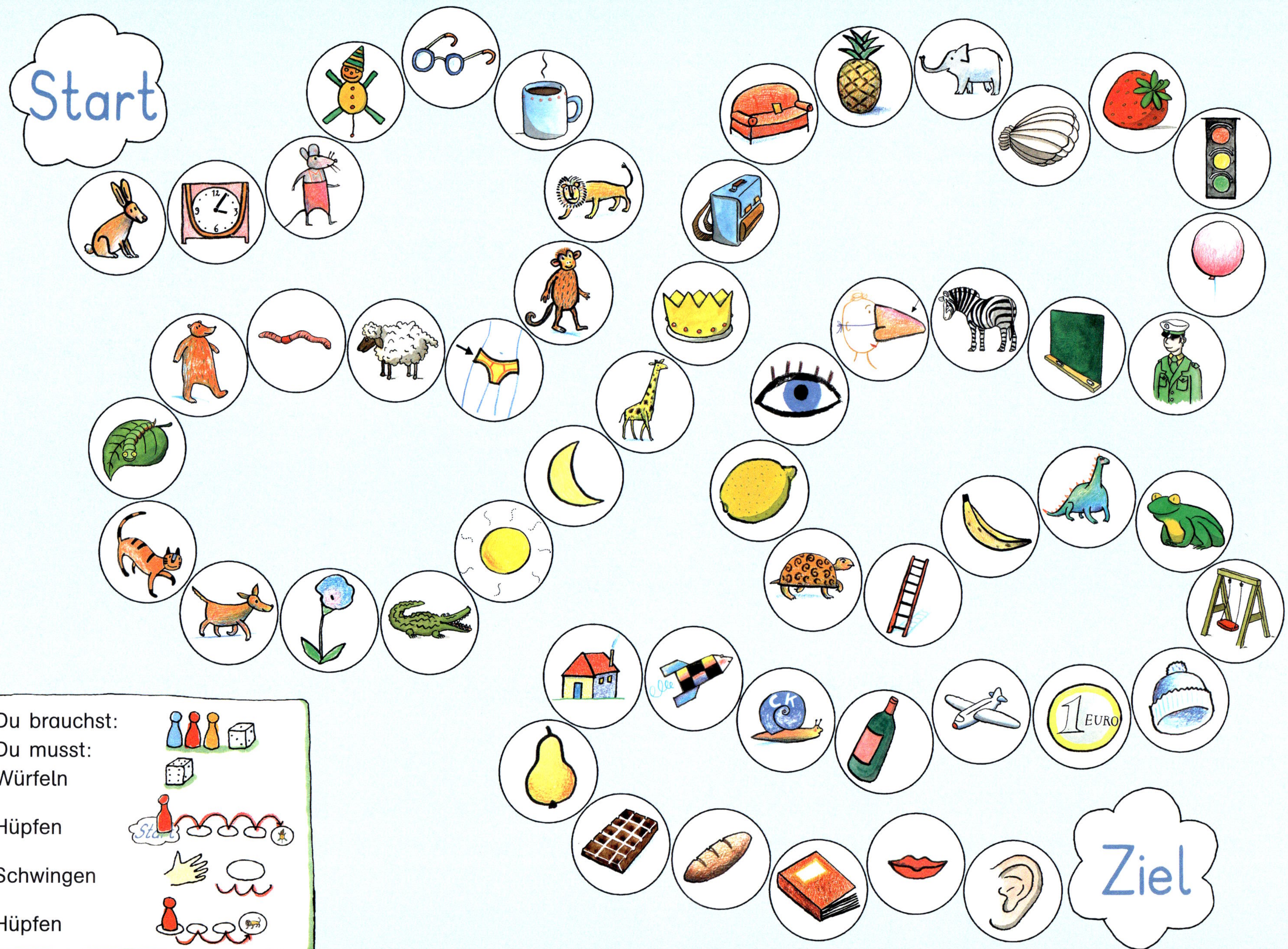

Du brauchst:
Du musst:
Würfeln
Hüpfen
Schwingen
Hüpfen

RA

belle

Au au

Ei ei

Eu eu

Ö ö

Ü ü

N n

H h

R r

P p

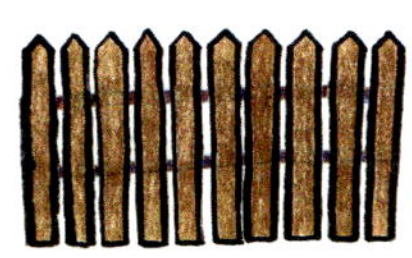
Z z

T t

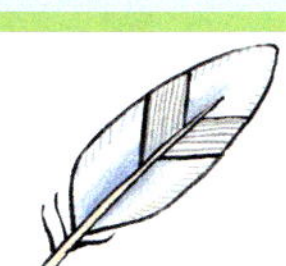
F f

J j

K k

Au | Ei | Eu | Ö | Ü | N | H | R | P | Z | T | F | J | K

A
E
I
O
U
M
L
ch
B
S
D
W
Sch
G
↶

ZE

Schre

M m

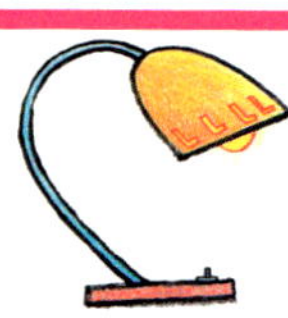
L l

Ch ch

B b

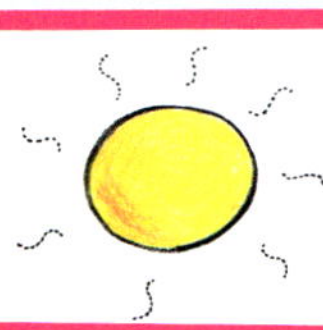
S s

D d

W w

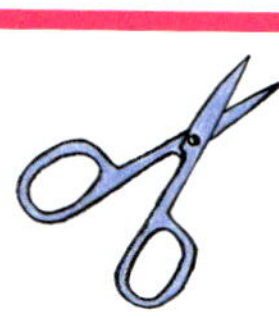
Sch sch

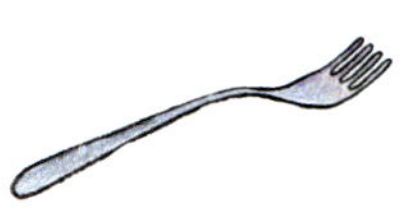
G g

A a

E e

I i

O o

U u

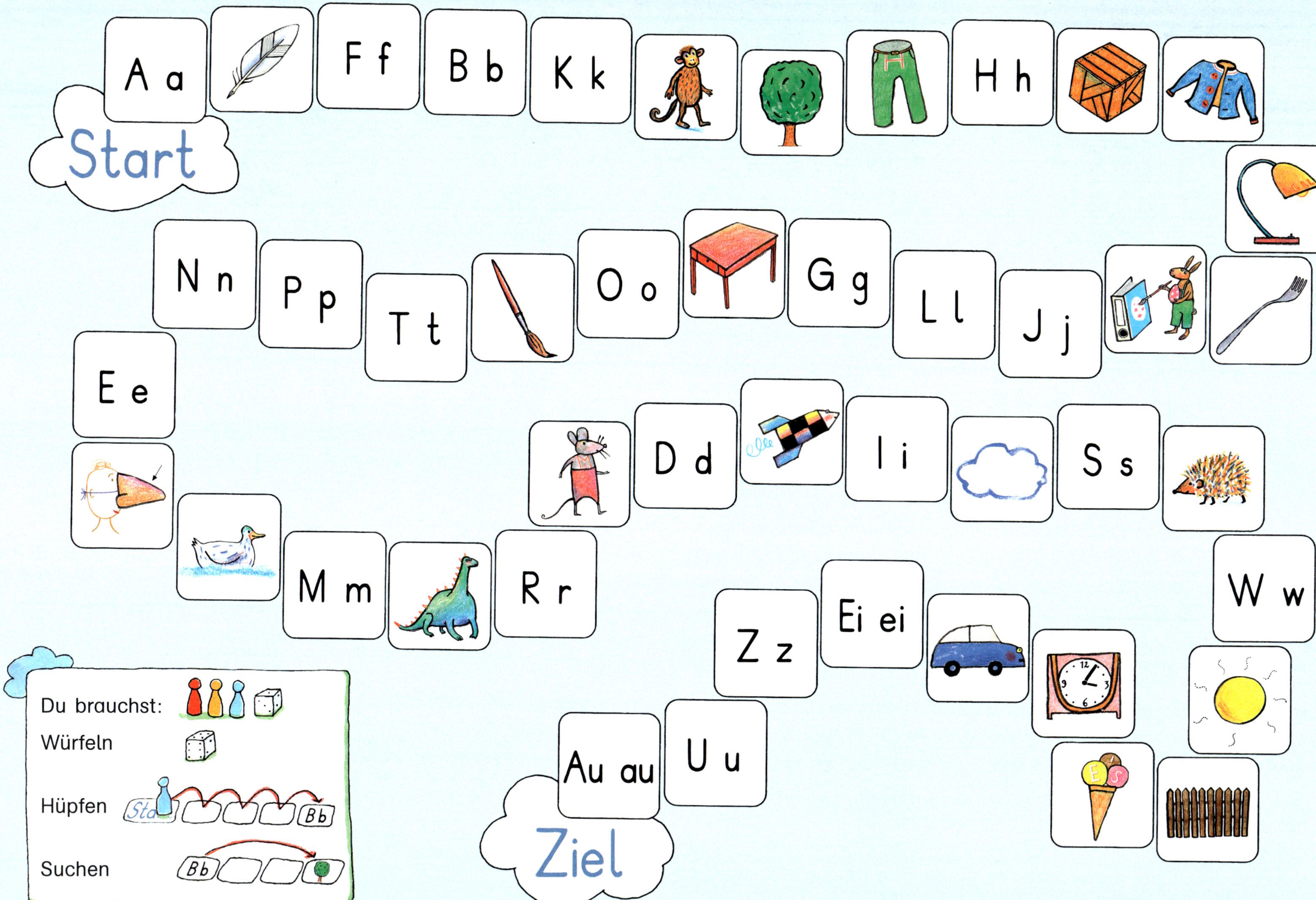
Start
A a
F f
B b
K k
H h
N n
P p
T t
O o
G g
L l
J j
E e
D d
I i
S s
M m
R r
W w
Z z
Ei ei
U u
Au au
Ziel
Du brauchst:
Würfeln
Hüpfen
Suchen

Name:

Au au

Au Au Au Au Au

au au au au au

Au A

au a

Au au Au Au au

Au au

Da schaut eine Maus
aus dem Haus heraus.
Lauf, Maus, lauf!

Au au

Au	

	au

Name: ______________________

Ei ei

Ei Ei Ei Ei Ei

ei ei ei ei ei

Ei Ei ... Ei

ei ei ... ei

Ei ei Ei ... Ei ei

Ei ei

Aus der Zeitung:

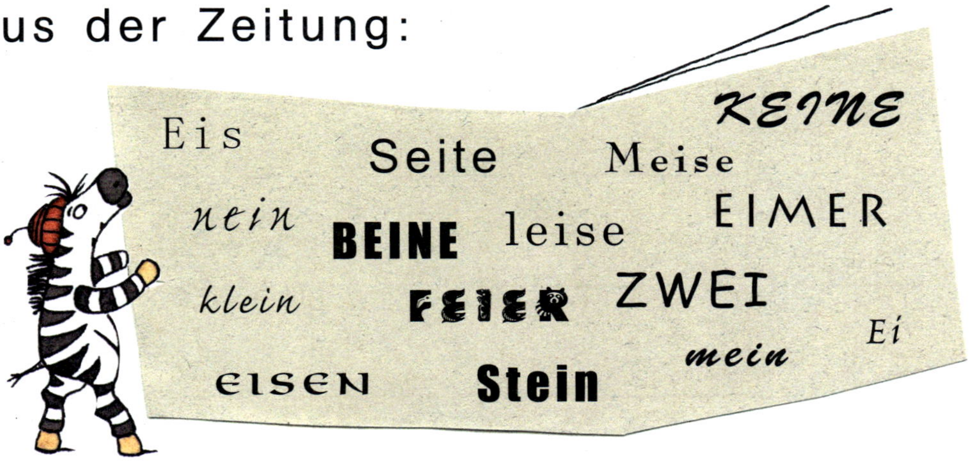

Ei

Ei ei

Ei			ei		

 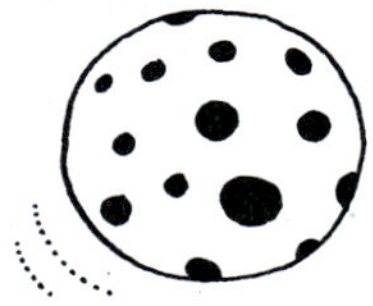  

Ein Schwein
auf der Leiter
weiß nicht mehr weiter.

 1 Ei 4 ei

Name: ____________________

Eu eu

Eu Eu Eu Eu Eu

eu eu eu eu eu

1 2 3

Eu Eu Eu

eu eu eu

Eu eu Eu Eu eu

Eu eu Eu eu

Die Eulen
heulen
heute
um neune
in der Scheune.

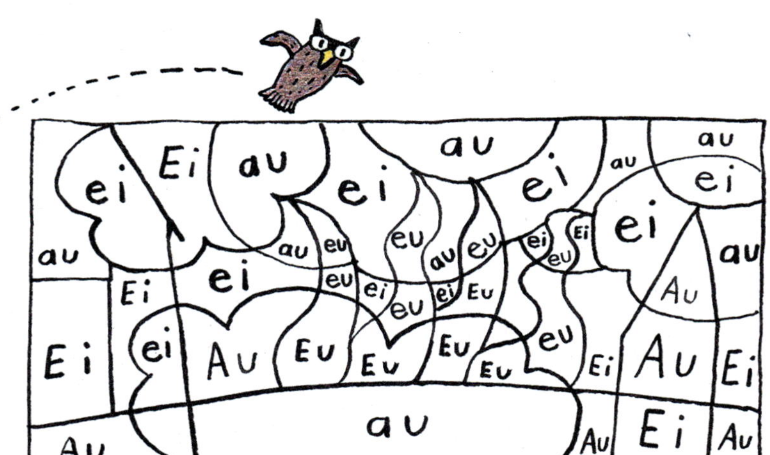

1 Eu 4 eu

Eu eu

Eu | eu

Name:

Ö ö

Ö

Flötentöne
kann man hören,
lautes Flöten
könnte stören.

6 ö

7 ö

Ö ö

Ö

Ö

ö

Name:

Ü ü

Ü

Türkische Wörter

zürafa

gözlük

yüzük

süt

otobüs

bisküvi

Ü ü

Ü			ü		

Ü

Name: ______________________

N n

N

N N N N N N

n n n n n n

N N N

n n n

N n N N n

Das Nilpferd und
das Nashorn,
die bauten sich ein Nest,
dann luden sie
die Nachbarn ein
und feierten ein Fest.

4 N 12 n

N n

N			n		

   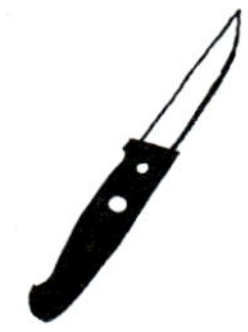

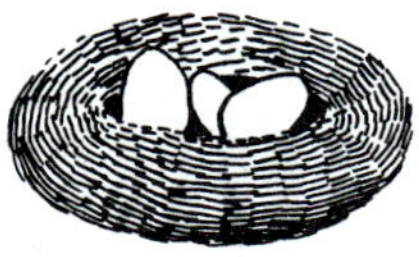   

N

Name:

H h

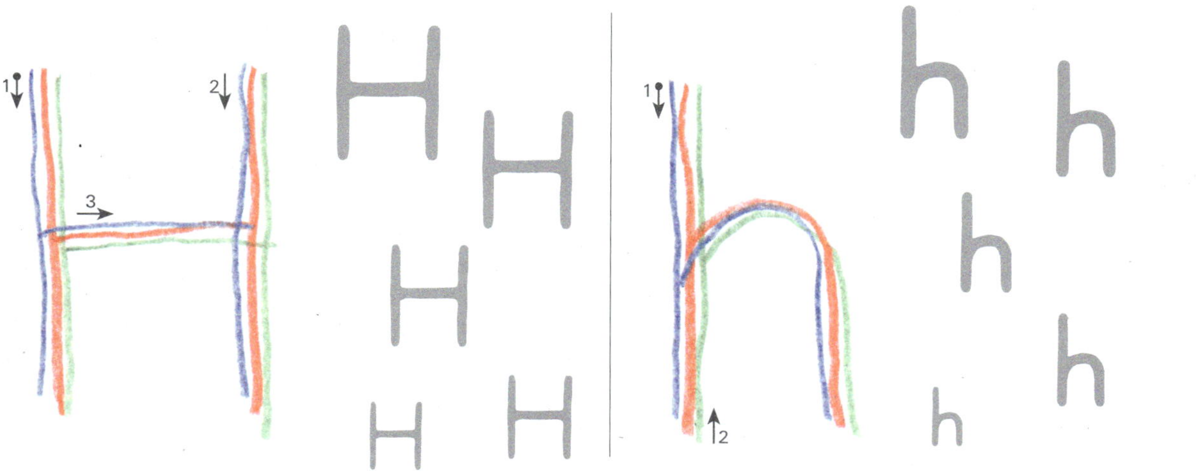

H H H

h h h

H h H h H

H h

Hinter Hansens Hinterhaus
hängen hundert Hemden raus.

9 H 6 h

H h

H

H

Name:

R r

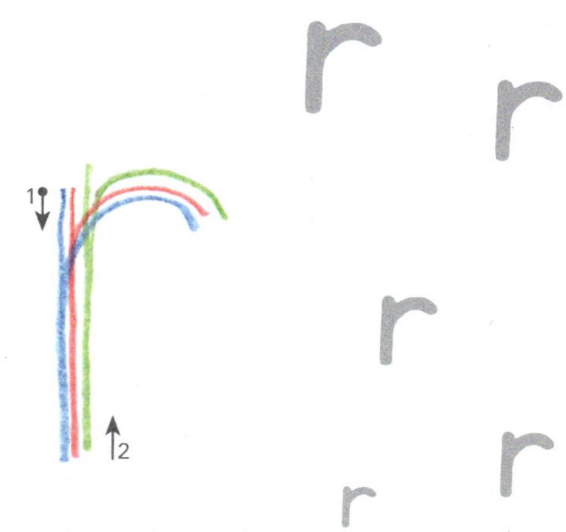

R

Ramona rollert immer toller
mit ihrem neuen roten Roller.

2 R 7 r

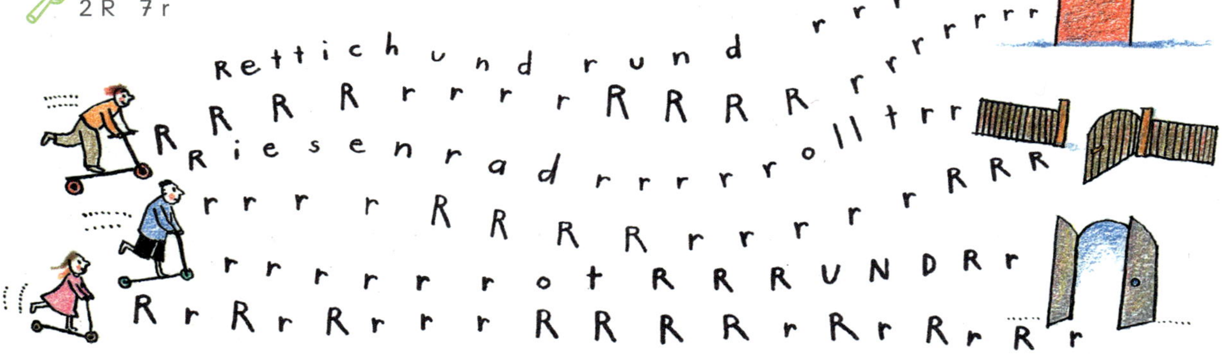

R r

R r

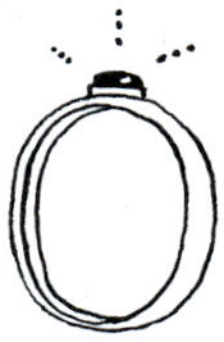

R

Name:

P p

Popcorn, Papa, Papagei,
pi, pa, po
und du bist frei!

3 P 6 p

P

P p

P p

P

Name:

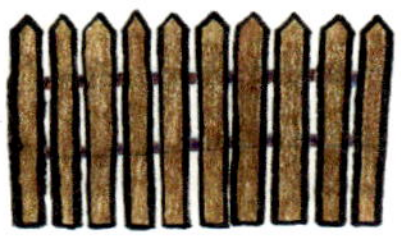

Z z

Dreimal täglich Zähne putzen,
das wird deinen Zähnen nutzen.

2 Z 2 z

Z

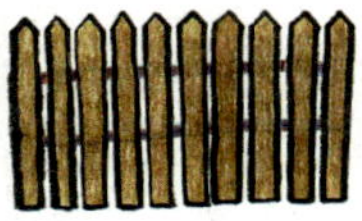

Z z

Z

z

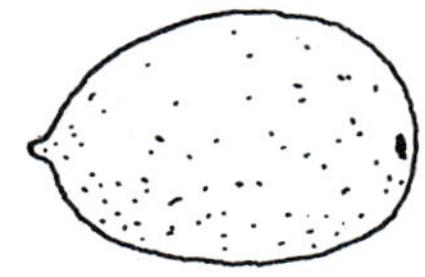

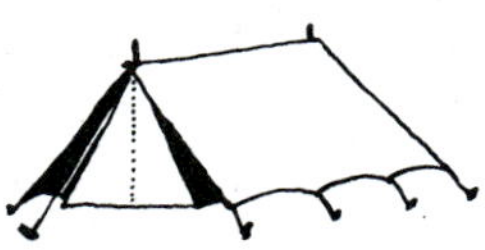

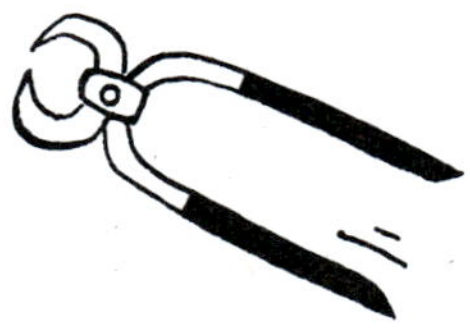

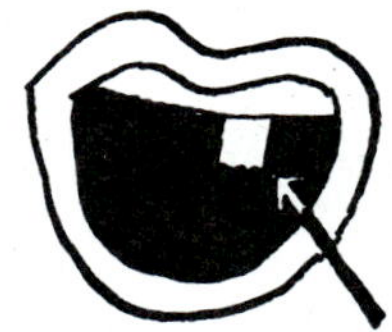

Z

Name:

T t

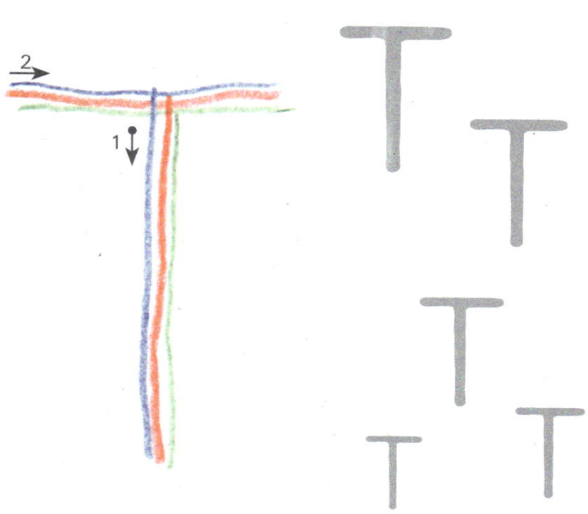

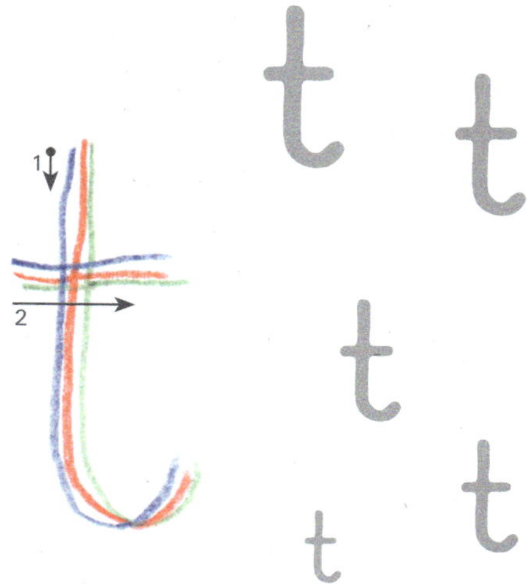

T

t

T t

T t

T

An einem trüben Regentag
tanzen tausend Tropfen
vom trüben Himmel
und tropfen in den Teich.

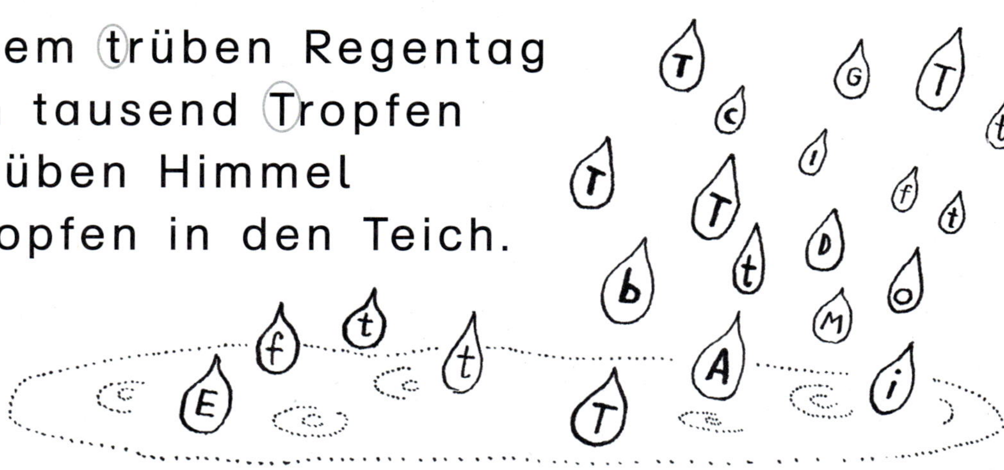

2 T 6 t

5 T 5 t

T t

T | t

Suche 6 Unterschiede!

T

Name: ______________________

F f

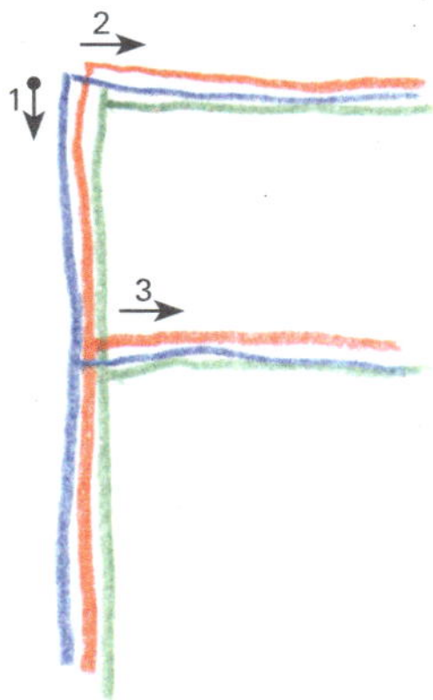

F F F F F

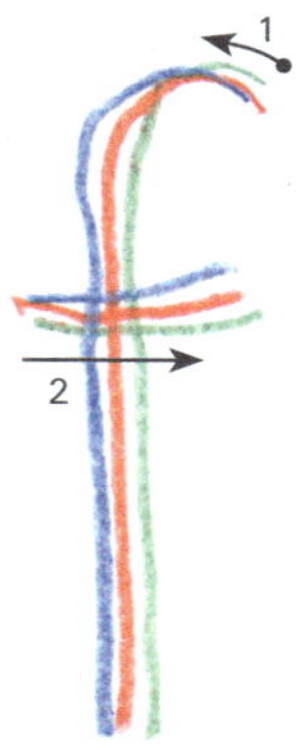

f f f f f

F F F

f f f

Ff F Ff

F f F f

Fischers Fritz
fischt frische Fische.

3 F 2 f

F

F f

F f

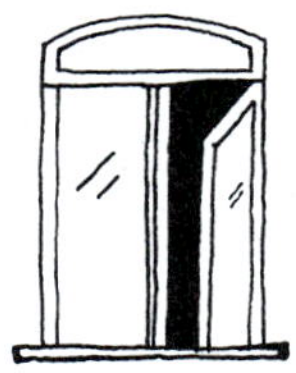  

Name:

J j

Jetzt jammert Jana jämmerlich,
weil Jogurt
auf ihre Jacke kleckert.

4 J 2 j

J

J j

J j

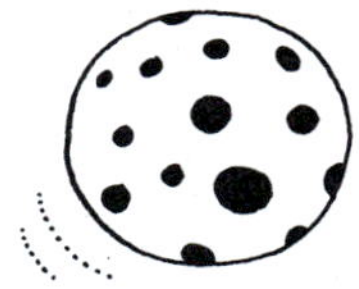

Name:

K k

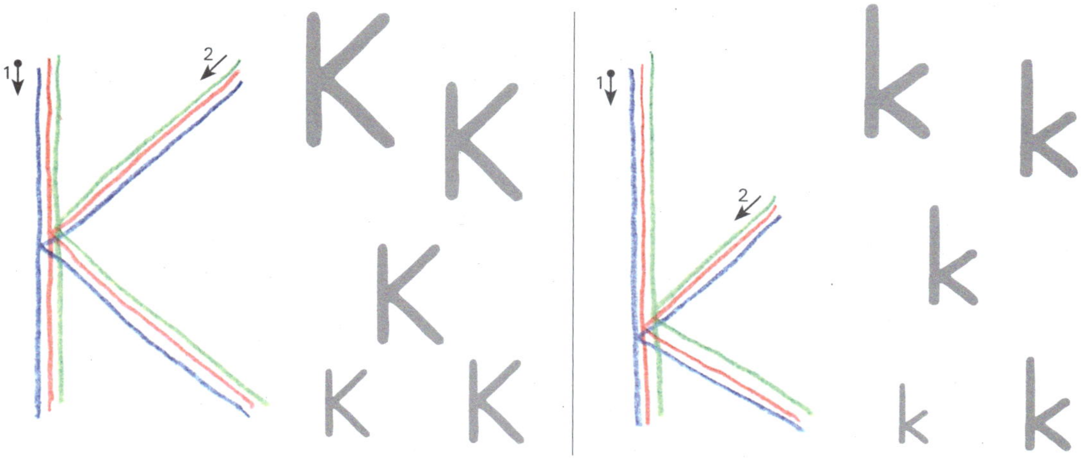

K k

Kleine Katzen
können kratzen
mit den Krallen
an den Tatzen.

3 K 2 k

K

K k

K			k		

Name: ______________________

Königsbuchstaben

A a

E e

I i

O o

U u

Au au

Ei ei

Eu eu

Ö ö

Ü ü

Ta	fel

Diese Wortteile heißen Silben.
Jede Silbe hat einen König.

Schwinge die Wörter!
Färbe in jeder Silbe den König gelb!

Regen Leiter Tisch Tüte

Insel Nadel Foto Feder

Welcher König fehlt?

Setze die fehlenden Könige ein!
Färbe den König in jeder Silbe gelb!

S	o	f	

T		m	a	t	e

K	r		n	e

Sch		l	e

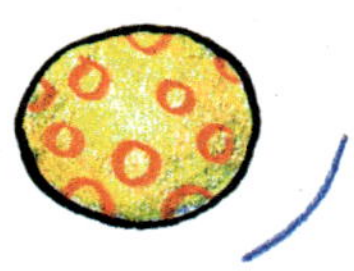

B		l	l

K		ch	e	n

P		n	s		l

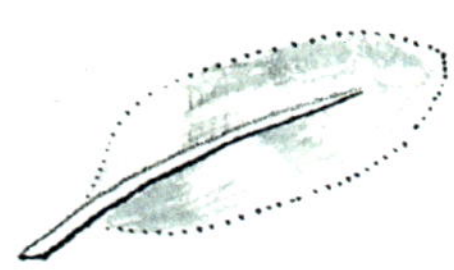

F		d		r

T		sch

Schreibe die Silben in die Rahmen!
Färbe den König in jeder Silbe gelb!

/ogel,
Vase

V v

-ie
Riese

Qualle

Qu qu

Ä ä
Äpfel,
Bär

ophon
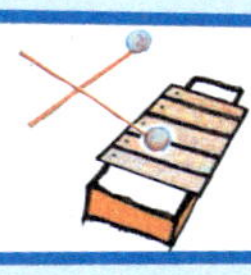
X x

-äu
Mäuse

psilon
Ypsilon Y y

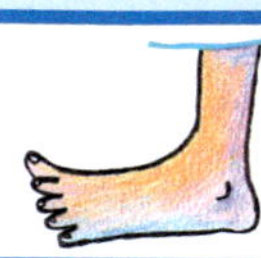
-ß
Fuß

puter,
Cent

C c

-ng
Ring

Spinne

Sp sp

-ck
Schnecke

Stern

St st

-tz
Katze

Pferd

Pf pf

V
Qu
X
Y
C
Sp/St
Pf
-ie
Ä ä
-äu
-ß
-ng
-ck
-tz

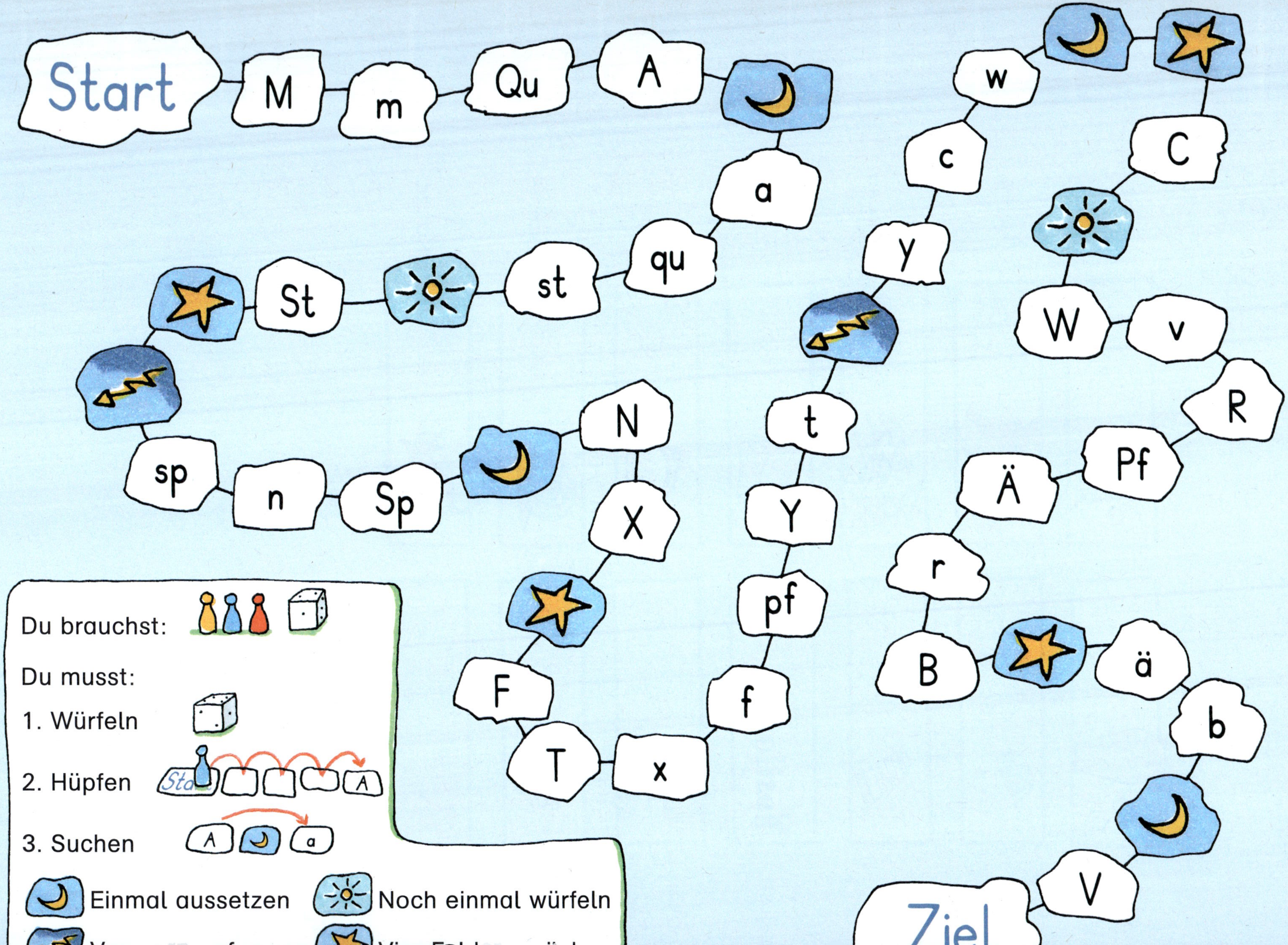

Du brauchst:

Du musst:

1. Würfeln

2. Hüpfen

3. Suchen

Einmal aussetzen

Noch einmal würfeln

Von vo… anfangen

Vier Feld… zurück

Name:

V v

1. Schreibe!

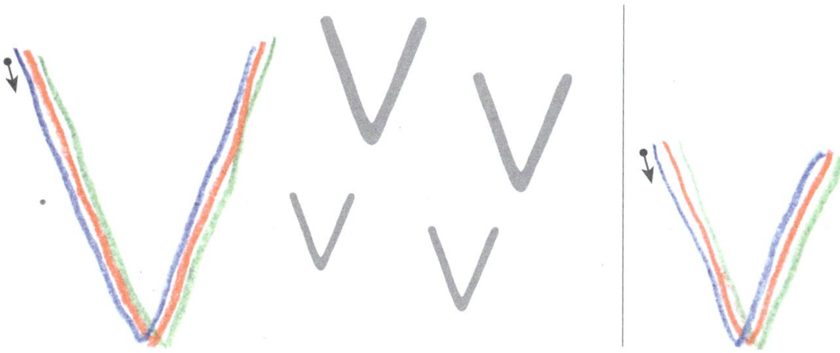

2. Lies und verbinde Bild und Wort!

Klavier	vorlesen	Vater	Vase	Vogel	Video

3. Ordne und schreibe!

V klingt wie F 

V klingt wie W 

Qu

Qu qu

1. Schreibe!

Qu Qu Qu Qu | qu qu qu qu

Qu Qu … Qu

qu qu … qu

2. Lies und verbinde Bild und Wort!

Aquarium	Quark	Quadrat	Qualle	Quartett

3. Was ist das? Schreibe!

Name: ______________________

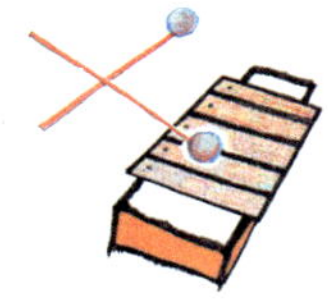

X x

1. Schreibe!

X X X X X x x x x x

X x

2. Kreise ein und lies! Übermale X im Bild!

Hokus, pokus,
eins, zwei, drei,
wen hext die Hexe
fix herbei?

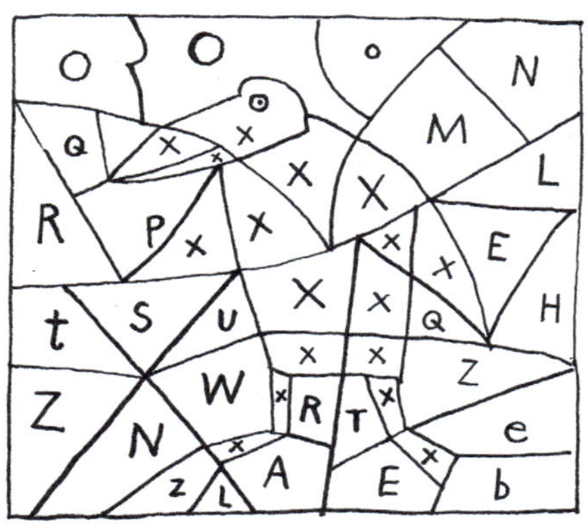

3. Was ist das? Schreibe!

Ypsilon Y y

1. Schreibe!

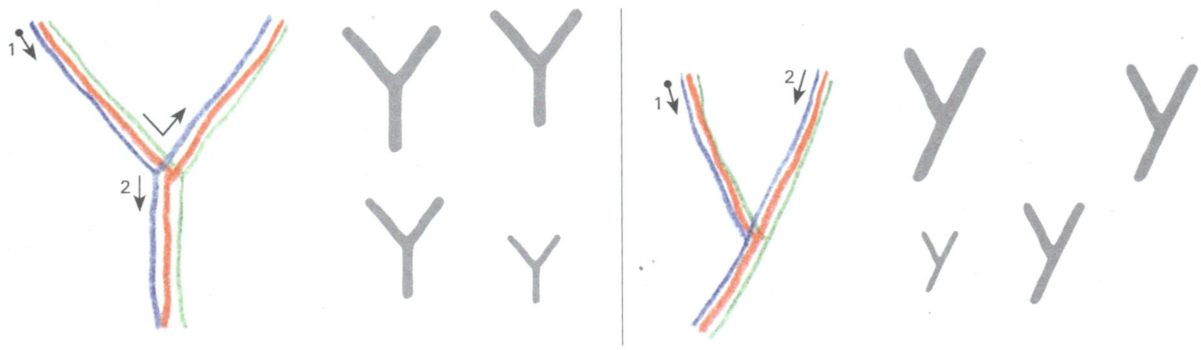

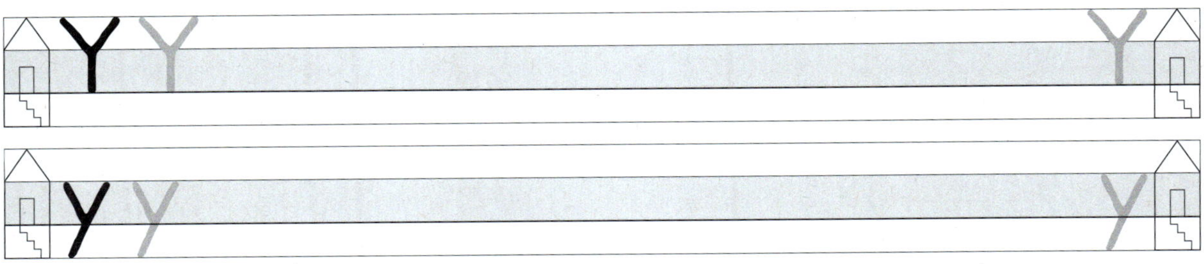

2. Lies und verbinde Bild und Wort!
Kreise y ein! Höre, wie y klingt!

Ein Rätsel mit Y

ein kleines Kind		Pyramide
ein tragbares Telefon		Pony
ein Schmusetier	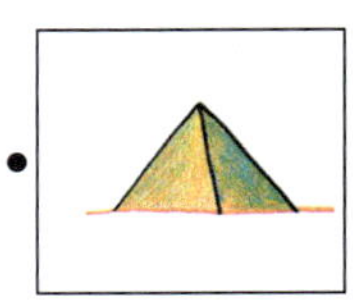	Handy
ein kleines Pferd		Baby
ein Bauwerk in Ägypten		Teddy

Name: ______________________________

C c

1. Kreise alle Namen für Mädchen rot ein!
Kreise alle Namen für Jungen blau ein!!

Nico	Marco	Carlo	Carmen	Rocco
Cäcilie	Rico	Corinna	Cornelia	Nicolai
Rebecca	Carina	Ricardo	Conni	

2. Verbinde Bild und Wort!

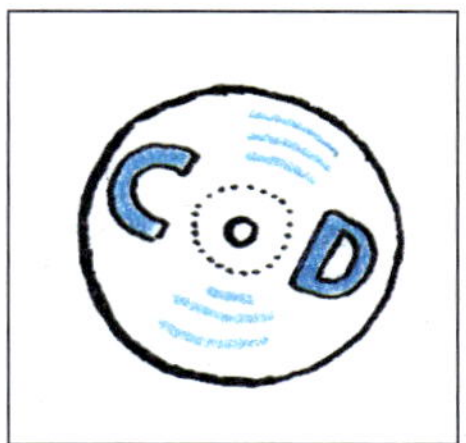

Computer	Cent	CD	Clown	Comic

C

Sp  St

1. Sp sp St st Kreise ein und lies! ja oder nein

Die Spinne hat vier Beine.	______
Ich spiele gern mit Bausteinen.	______
Sport macht mir Spaß.	______
Ich kann auf dem Kopf stehen.	______
Die Ferien dauern eine Stunde lang.	______

Sp/St

2. Lies und reime!

Bein

 St

Riegel

Kamm

Kern

Rock

Wange

2. Beantworte die Frage!

In welcher Straße wohnst du?

Name:

Pf pf

1. Lies und verbinde!

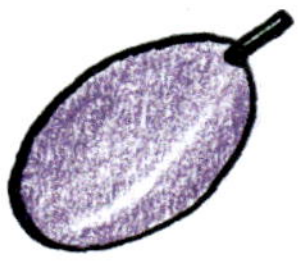    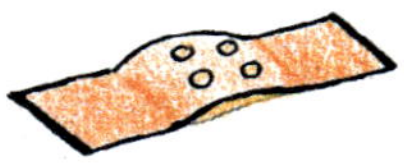

Pfirsich | Pflaster | Pferd | Pflaume | Pfeil

2. Lies und reime!

Kopf

Herd

Knopf

Mütze

3. Was ist hier los? Schreibe!

pflanzen pflücken

Pf

-ie

1. ie Färbe ie gelb und lies!

Wenn Riesen niesen

Sieben Riesen,
die mit bloßen Füßen
über nasse Wiesen liefen,
niesten mit ihren Riesennasen so laut,
dass von diesem Riesenniesen
sieben Wieselkinder,
die in tiefen Zimmern schliefen,
aufwachten und „G'sundheit!“ riefen.

Josef Guggenmos

2. Welche Wörter kannst du finden? Schreibe sie auf!

R ie se

R ie se

T Br L D ie r f d b

R W Fl ie se ge

Name: ______________________

Ä ä

1. Lies und schreibe den Satz ab!

Ein Mädchen fand im März
einen Käfer.

2. Lies und schreibe! Färbe a und ä gelb!

Aus a wird ä

 ein Ball |  viele

 ein Apfel | 

 ein Zahn | 

2. Lies und färbe a und ä gelb!

wir fahren	sie fährt
wir fangen	sie fängt
wir schlafen	sie schläft

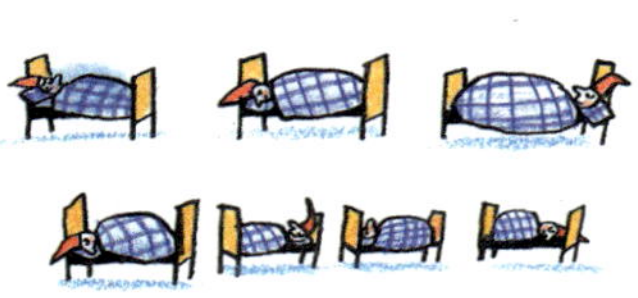

Ä ä

-äu

1.  Färbe **äu** gelb! Lies!

Eine Maus
wohnt in einem Haus
unter einem Baum
hinter einem Zaun.

Drei Mäuse
wohnen in drei Häusern
unter drei Bäumen
hinter drei Zäunen.

2. 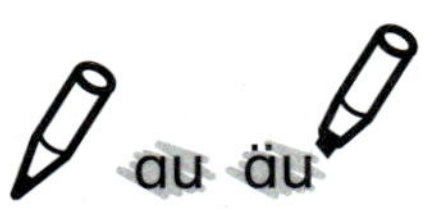 Färbe **au** und **äu** gelb!

Aus au wird äu

	der Zaun		die Zäune
	der Baum		die
	das Haus		
	die Maus		

3. 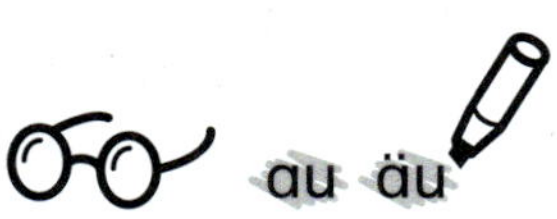 Lies und färbe **au** und **äu** gelb!

wir laufen	er läuft

-äu

Name: ______________________

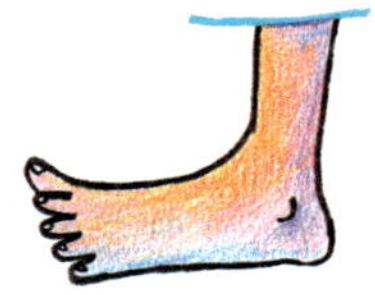

-ß

1. Schreibe!

ß ß ß ß ß ß

ß ß ß

2. Kreise ß ein und lies!

Es ist heiß.
Die Kinder sind barfuß.
Sie bauen ein Floß.
Das macht Spaß!

3. Male ein Floß mit einem großen, weißen Segel!

4. Suche immer das Gegenteil!

sauer	süß
klein	
schwarz	
kalt	

-ß

-ng

1. Lies und verbinde!

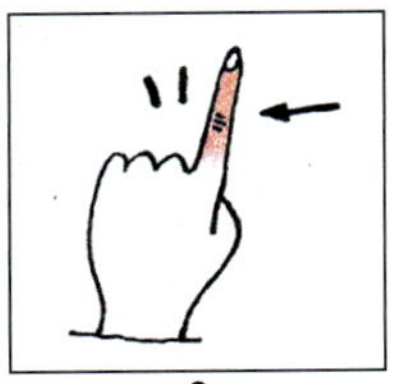   

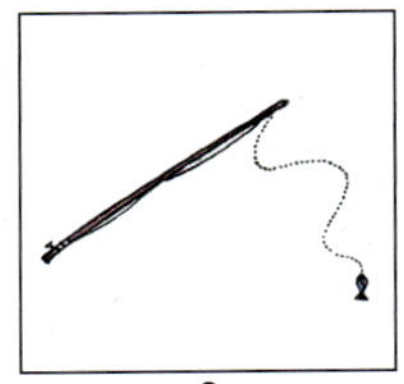 

Junge	Zange	Finger	Engel	Zeitung	Angel

2. Welches Wort passt? Kreise ng ein!

bringen angeln hängen springen schwingen singen

Name: ______________________________

-ck

1. Wie heißen die Wörter in der Schnecke?

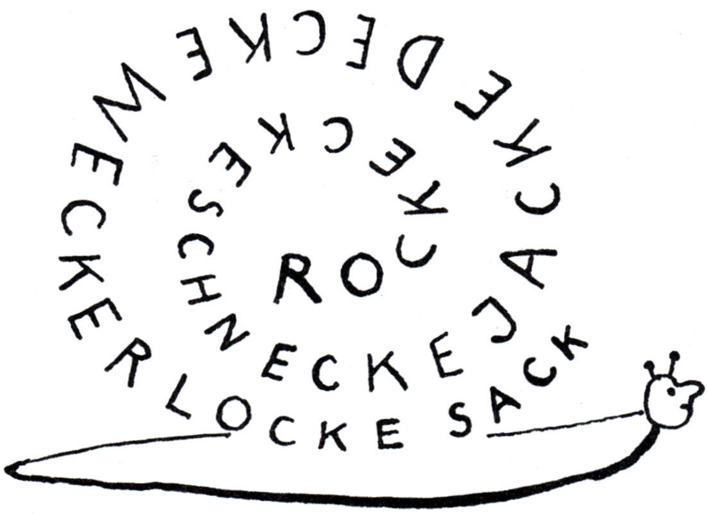

2. Welches Wort passt? Kreise ck ein!

backen lecken ticken

-ck

-tz

1. Auf dem Weg zum Schatz gibt es vier Dinge mit (tz).
Finde sie und schreibe sie auf! Kreise (tz) ein!

Schatz

1. Was kannst du tun? Ergänze die Sätze!
Kreise (tz) ein!

putzen sitzen spitzen

Einen Bleistift kannst du ________.

Deine Schuhe kannst du ________.

Auf einem Stuhl kannst du ________.